# 方寸萬象

精華版

新見中國古代
璽印封泥
陶文集粹

INFINITE
WORLDS
IN A SQUARE INCH

劉　釗　許雄志
主　編

石繼承
協　編

上海書畫出版社

　　2019 年 4 月，"中國古璽印研究國際學術研討會"在日本巖手大學舉行，受日本巖手大學劉海宇教授之邀，我和同事施謝捷、陳劍及廣瀨薰雄四人參加了這次會議。會議辦得很成功，在閉幕式上致辭時，我靈機一動，提出 2020 年由我所在的復旦大學出土文獻與古文字研究中心也主辦一次內容相同的會議，幷誠摯地邀請與會的代表屆時光臨。沒承想回國後，年底就趕上了新冠疫情，從此陷入封閉狀態，一切活動都被迫取消了。疫情期間，我始終惦記著此事，覺得不應言而無信，所以一俟疫情結束，馬上就跟劉海宇教授商量，決定把會議安排在 2024 年 9 月底在上海舉行，同時還決定除了中日兩國研究中國古代璽印、封泥、陶文的研究者外，還邀請一些中日兩國收藏中國古代璽印、封泥、陶文的藏家。當然，有些藏家本身也是研究者，所以這個區分幷不嚴格。劉海宇教授很快就幫忙聯繫好了十幾位日本方面的學者和藏家，爲會議的順利舉辦奠定了堅實的基礎。

　　爲了 9 月底在上海舉辦的這次會議能夠出彩，我聯繫許雄志先生，請他邀請十幾位在中國古代璽印、封泥、陶文方面有研究且富收藏的朋友屆時光臨會議，展示新資料和新發現，提出新見解和新觀點，同時把自己一些精彩藏品的資料提前貢獻出來，編成一本圖錄。這本圖錄既是獻給會議的最好禮物，同時也是新見中國古代璽印、封泥、陶文的一次完美展示，嘉惠學林，功莫大焉。這一建議得到許雄志先生的認可。爲了表明支持力度，許雄志先生還帶頭提供了一些精彩的藏品資料。許雄志先生在中國書法篆刻界有很高的聲譽，學問深，藏品多，人緣好，所以登高一呼，響者雲從，很快就召集了十幾位有研究、富收藏的朋友，大家一致認定這是件大好事，決定協同合作，共襄盛舉。在這裏要對提供藏品資料的曹佑福（光明室）、杜傑（緣閑堂）、胡俊峰（近一堂）、胡立鵬（凝塵盒）、金曉飛（惜石齋）、呂金成（厄廬）、呂金柱（寶印簃）、唐存才（步黟堂）、王令波（九宮閣）、王臻（鐵齋）、蕭春源（珍秦齋）、許雄志（雙泉山館）、尤敏强（四靈印室）、岳奇（初堂）、宗帥（犁然堂）等先生表示最誠摯的謝意！

　　上海書畫出版社近年引領時尚，致力於利用最新的照相和印刷技術，對各種新舊古文字資料加以整理出版，連續推出了多種高清的古文字資料書。這些古文字資料書利用多角度的高清照片，藝術地再現了古文字資料中的很多細節，讓人震撼驚艷，愛不釋手，是古文字學者和從事書法篆刻創作者共同追逐的目標，常常會洛陽紙貴，一冊難求。所以編輯出版以璽印、封泥、陶文等古文字資料爲內容的圖錄，如果要找最合適的出版社的話，當然是非上海書畫出版社莫屬。當我向上海書畫出版社朱艷萍副社長提出擬編輯出版這一圖錄時，她憑著敏銳的判斷力和鑒識力馬上就答應給予支持。在此書編輯過程中，朱艷萍副社長親自部署安排，總編辦公室副主任郭映歆女士負責聯絡協調，付出很多心血。尤其是爲拍出最好的照片，上海書畫出版社杭州分社楊少鋒先生帶領拍攝團隊，跑遍近半個中國，到各個藏家處拍照，嚴謹專業，表現出精益求精的學術追求和不憚煩難的專業素質。期間時任社長、總編輯王立翔先生也一直關注此書的編輯出版，幷多次作過指示。

　　這本圖錄的編輯出版時間很緊，又正趕上今年的事情太多，我和許雄志先生都忙得疲於奔命，於是有些編輯事務是請石繼承副研究員協助進行的。石繼承副研究員在圖錄所收藏品的分類、釋文、編排上做了很多工作，還撰寫了凡例，工作認真負責。他的付出保證了圖錄能夠按時順利出版，是特別需要提出表示感謝的。

在圖録編輯過程中，在收録樣本的選擇和去取及時代的判定方面，許雄志先生也提供了很多好的建議和意見。

中國古代璽印、封泥、陶文，是既有聯繫，又有區别的三類古文字資料。在一般情況下，"璽印"是指璽印原物，而"封泥"是指用於封緘的上有璽印的泥，"陶文"則很多情況下是指按抑有璽印的陶器。璽印、封泥、陶文既有文字學研究上的價值，同時又因其所記載的内容涉及人名、族氏、職官、地名等信息，因此又是歷史、地理、民族、思想文化等方面研究的重要資料，歷來受到格外重視。同時因爲璽印的印鈕是一種造型藝術，璽印、封泥、陶文在方寸之間的文字結構和布局安排，文字、偏旁、筆畫間的騰挪避讓，省形移位，借筆共旁等裝飾和美化技巧，又是平面設計需要借鑒和效法的範本，所以在藝術上同樣具有重要價值。這本《方寸萬象——新見中國古代璽印封泥陶文集粹》共收録368件璽印、封泥和陶文資料，其中璽印202件，封泥57件，陶文109件，時代從商末周初到秦、漢、魏晋、南北朝，質地包括銅、陶、金、銀、玉等，可謂形式多樣，文字美觀，内容豐富，意義重要。本來我想在這裏舉一些本書所收藏品中精彩的例子，可是挑來挑去挑花了眼，感覺如果説多了，篇幅不允許，説少了，又可能會挂一漏萬，反倒誤導讀者，最後決定不再舉例，由讀者自己鑒識賞析，這樣可能效果更好。這些資料中有很多是從未著録過的藏品，有些雖曾有過著録，但其呈現形式遠没有這次這樣全面清晰和美觀漂亮，所以也一樣值得珍視。從總體上看，這些資料都是學術性和藝術性兼顧、難得一見的精品，這次能够結集出版，相信一定會得到學術界和書法篆刻界的歡迎和喜愛。

中國古代璽印、封泥和陶文是中華優秀傳統文化的一種特殊載體，記録并呈現了古人的歷史思想和文化藝術，是中華誠信文化的具體體現。值此百年未遇之大變局，面對複雜詭譎的國内外形勢，强調"誠信"，弘揚中華誠信文化，是學術界和藝術界都需格外重視的重大課題。這本《方寸萬象——新見中國古代璽印封泥陶文集粹》的出版，可以説是恰逢其時，相信以此爲契機，一定會進一步推動學術界對中國古代璽印、封泥和陶文的研究，并促使我們更深入地發掘其中藴含的歷史思想、文化觀念和藝術價值，從中提取凝練講好中國故事的恰當素材，爲配合國家文化發展戰略，建設文化强國提供學術支撑。

因時間倉促，編者的水準有限，相信圖録中一定存在着這樣或那樣的遺憾或問題，歡迎學界朋友或讀者隨時指正。

補記：此爲原書序。此次出版精華版，原序予以保留。原書所收藏品經優中選優，精華版最後選録璽印、封泥、陶文共計153件，其中璽印108件，封泥20件，陶文25件。特此説明。

劉　釗

2025年2月24日於上海書馨公寓

# 凡例

一、本書從 2024 年版《方寸万象——新見中國古代璽印封泥陶文集粹》中精選收録先秦至南北朝時代的璽印、封泥、陶文共計 153 件，其中璽印 108 件，封泥 20 件，陶文 25 件。每類材料内部總體上按照印文性質、時代先後、文字區系分類編排。

二、璽印展示鈐本及泥蜕、印體、印面照片，封泥展示拓本及正背面照片，陶文展示拓本及器形、泥面照片。鈐本、泥蜕除原大展示外，另對尺寸較小者作兩倍放大。文字所在的印面、泥面均作放大呈現，并選取部分印鈕、印面、泥面作細節放大。

三、釋文中用"（ ）"括注異體、通假關係，用"［ ］"括注圖紋、肖形等印面情況，用"□"表示難以確釋之字，用"……"表示殘損字數不明者。兩面及多面印文用"－"連接，套印印文用">"連接。

四、釋文後根據情況依次標注時代（商、周、秦、漢等）/區系（楚、齊、燕、三晋）、特殊質地（陶、鎏金、銀、玉等）、鈕式、尺寸、提供者信息。

# 目録

001
文陽司寇
三晋
鼻鈕
長 16.4mm
寬 16.7mm
高 16.8mm
雙泉山館

002
疋茗
三晉
鼻鈕
長 15.4mm
寬 15.2mm
高 14.8mm
雙泉山館

003
□高丘都
三晋
鼻鈕
長 13.9mm
寬 14.4mm
高 12.9mm
雙泉山館

004
君火居垩（府）
三晋
鼻鈕
長 16.0mm
寬 14.0mm
高 12.0mm
鐵齋

005
桑丘坒（府）
三晋
鼻鈕
長 21.0mm
寬 21.0mm
高 15.0mm
鐵齋

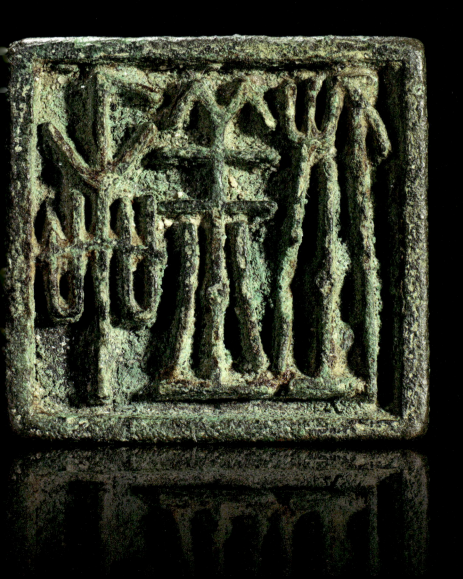

006
君木
三晋
鼻鈕
長 22.3mm
寬 23.0mm
高 9.0mm
凝塵盦

007
螱（魏）
三晉
鼻鈕
長 21.3mm
寬 16.3mm
高 8.7mm
四靈印室

008
枼尹之鉨
楚
鼻鈕
長 25.3mm
寬 24.0mm
高 14.8mm
雙泉山館

009
大賡（府）木
楚
空心柱鈕
長 36.9mm
寬 35.7mm
高 49.4mm
四靈印室

010
居牙都王勹（符）鍴
燕
柱鈕
長 55.0mm
寬 14.0mm
高 104.0mm
鐵齋

011
褆武君室老鉨
齊
鼻鈕穿環
長 25.8mm
寬 25.0mm
高 16.4mm
加環高 40.0mm
鐵齋

013
蒦圈匋里埶
齊
陶
長 27.6mm
寬 29.3mm
高 38.0mm
九宮閣

014
泰醫丞印
秦
鼻鈕
長 24.4mm
寬 24.4mm
高 16.7mm
寶印齋

015
都船丞印
秦
鼻鈕
長 22.7mm
寬 22.7mm
高 12.0mm
雙泉山館

016
上林尉丞
秦
鼻鈕
長 23.6mm
寬 20.2mm
高 14.0mm
雙泉山館

高章宦者
秦
瓦鈕
長 23.3mm
寬 23.3mm
高 14.5mm
雙泉山館

018
犛鄉之印
秦
鼻鈕
長 23.0mm
寬 21.4mm
高 12.2mm
雙泉山館

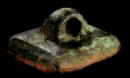

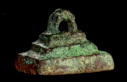

019
昌連君印
秦
臺鈕
長 19.8mm
寬 12.3mm
高 14.5mm
緣閒堂

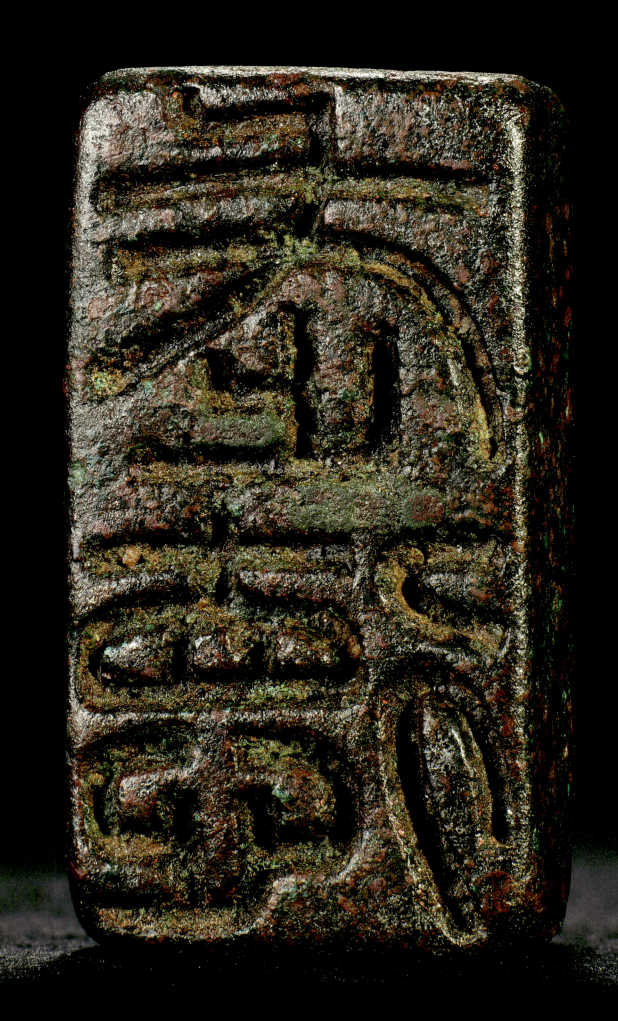

022
中馬府
西漢
瓦鈕
長 24.4mm
寬 10.9mm
高 13.2mm
雙泉山館

023
酸棗倉
西漢
鼻鈕
長 25.8mm
寬 14.8mm
高 16.3mm
雙泉山館

024
莋秦右尉
西漢
瓦鈕
長 22.9mm
寬 23.2mm
高 16.7mm
雙泉山館

026
安風調寧長丞
新莽
龜鈕
長 23.2mm
寬 23.3mm
高 21.0mm
寶印籙

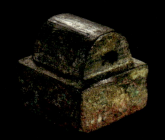

027
西鄂長印
東漢
瓦鈕
長 25.6mm
寬 25.6mm
高 25.0mm
寶印篴

029
寧鄉侯印
魏晉
龜鈕
銅鎏金
長 25.0mm
寬 25.0mm
高 25.0mm
鐵齋

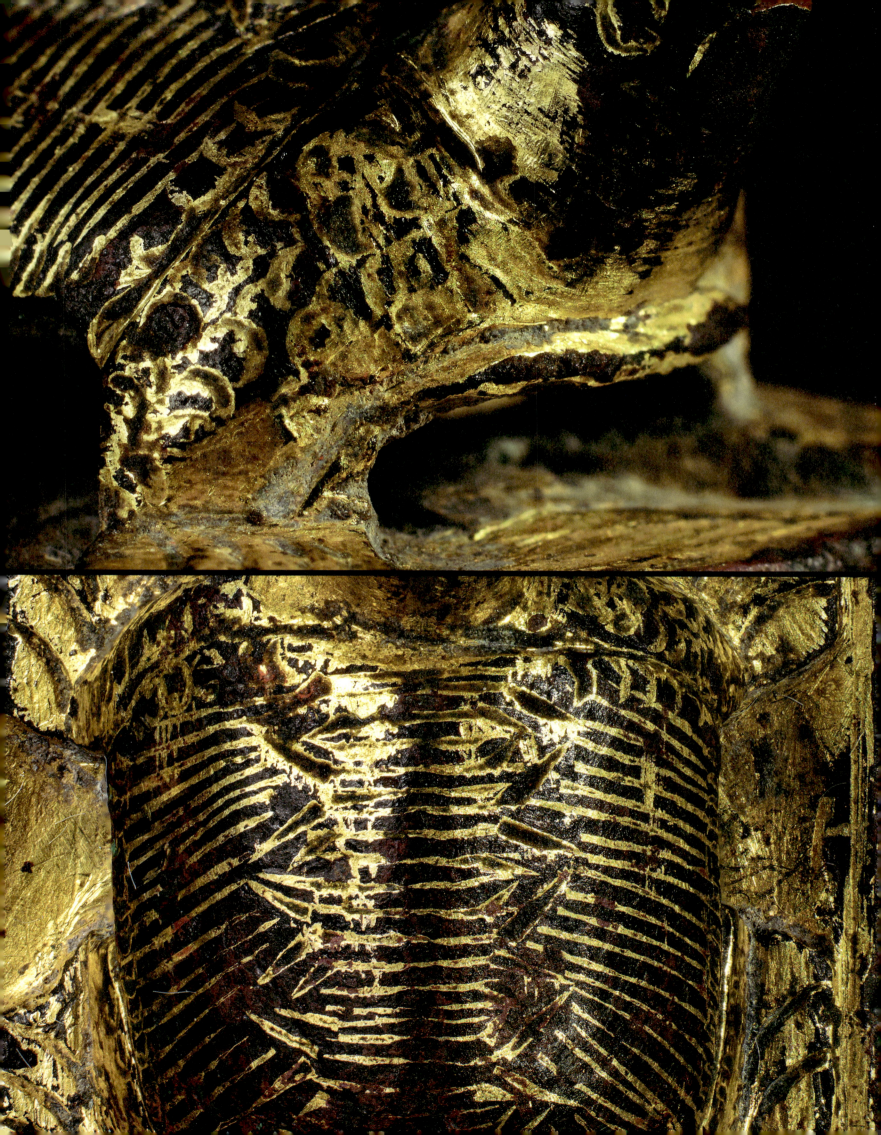

030
偏將軍印章
魏晉
龜鈕
銀
長 23.8mm
寬 24.1mm
高 21.5mm
近一堂

031
淩江將軍章
魏晉
龜鈕
長 21.3mm
寬 21.6mm
高 24.8mm
寶印籙

032
晉蠻夷率善校尉
魏晉
蛇鈕
銀
長 23.0mm
寬 23.0mm
高 22.0mm
鐵齋

033
晉鮮卑率善佰長
魏晉
馬鈕
長 24.0mm
寬 24.0mm
高 29.0mm
鐵齋

034
歸義侯印
十六國
馬鈕
長 25.0mm
寬 25.0mm
高 32.0mm
鐵齋

官印 · 十六國

078

永昌長印

南朝

碑鈕

長 24.0mm

寬 23.0mm

高 32.0mm

鐵齋

征西大將軍右長史
南朝
碑鈕
長 24.0mm
寬 24.0mm
高 27.0mm
鐵齋

官印・南朝

038
殿中司馬督印
南朝
碑鈕
長 21.5mm
寬 21.6mm
高 29.1mm
雙泉山館

官印·南朝

087

威寇將軍印

北朝

龜鈕

長 29.0mm

寬 29.0mm

高 35.0mm

鐵齋

040
郵相女（如）
三晉
鼻鈕
長 10.9mm
寬 11.2mm
高 13.0mm
寶印篯

羻韶（朝）
三晉
鼻鈕
長 20.7mm
寬 12.2mm
高 14.6mm
凝塵盦

043
利戲
三晋
鼻鈕
長 13.8mm
寬 14.0mm
高 12.0mm
凝塵盦

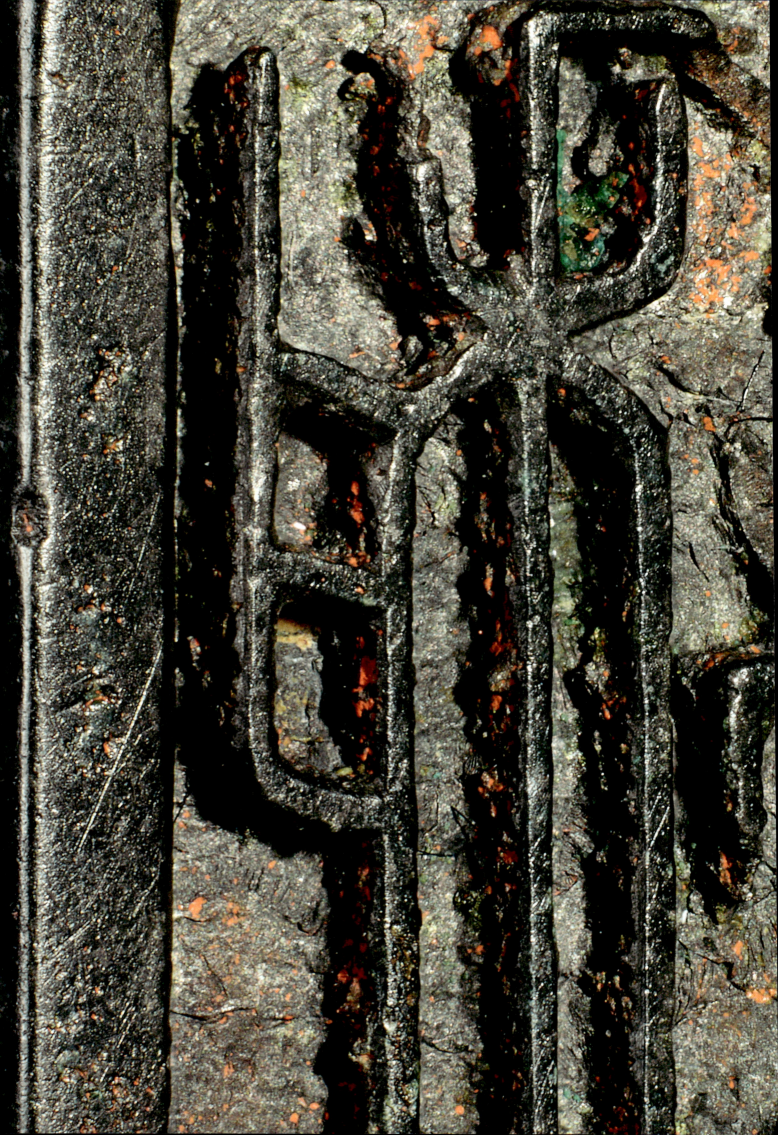

044
戀奇餲
三晉
鼻鈕
長 15.5mm
寬 15.5mm
高 14.0mm
凝塵盦

事行易（唐）

三晉

鼻鈕

長 11.3mm

寬 11.3mm

高 13.1mm

凝塵盒

049
長疕
三晉
鼻鈕
長 11.6mm
寬 11.6mm
高 11.8mm
凝塵盦

肖（趙）胄

三晉

覆斗鈕

玉

長 14.8mm

寬 15.4mm

高 9.2mm

雙泉山館

052
枯成蒴
三晋
帶鈎
長 12.8mm
寬 12.8mm
高 16.6mm
緣閒堂

053
司馬獀
三晉
鼻鈕
長 11.8mm
寬 11.9mm
高 14.5mm
凝塵盦

054
陳亹
楚
覆斗鈕
玉
長 14.6mm
寬 14.7mm
高 11.0mm
雙泉山館

055
番亞夫
楚
柱鈕
長 11.7mm
寬 11.7mm
高 26.5mm
雙泉山館

056
王疾馬
楚
鼻鈕
長 19.5mm
寬 19.9mm
高 8.8mm
凝塵盦

057
韓丁燕
鼻鈕
長 17.3mm
寬 17.3mm
高 15.1mm
凝塵盦

058
狗悬
燕
鼻鈕
長 13.0mm
寬 13.6mm
高 9.2mm
凝塵盦

私
印

059
長生聰
燕
鼻鈕
長 15.9mm
寬 15.4mm
高 16.1mm
凝塵盦

私
印
·
燕

060
□居牙
燕
鼻鈕
長 14.2mm
寬 13.3mm
高 9.5mm
凝塵盦

061
公孫鞅
燕
鼻鈕
長 11.9mm
寬 12.0mm
高 7.9mm
凝塵盦

062
公孫生剶
燕
鼻鈕
長 16.2mm
寬 15.9mm
高 16.7mm
凝塵盦

□□信鉨
齊
鼻鈕
長 19.5mm
寬 19.7mm
高 11.6mm
凝塵盦

064
任彙
秦
鼻鈕
長 13.0mm
寬 13.0mm
高 23.0mm
珍秦齋

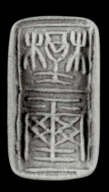

068
景配之印
秦
鼻鈕
長 16.1mm
寬 10.6mm
高 11.1mm
四靈印室

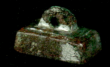

李展

秦

鼻鈕

長 19.0mm

寬 12.0mm

高 12.0mm

珍秦齋

吕延年 - 人臣吕延年
秦
穿帶
銀
長 12.5mm
寬 11.9mm
高 5.3mm
四靈印室

071
吕贏 - 吕贏
秦
穿帶
長 15.0mm
寬 13.0mm
高 7.0mm
珍秦齋

私
印
·
秦

073
史多
秦
鑰匙鈕
長 13.8mm
寬 12.5mm
高 7.5mm
緣開堂

074
王劉印
秦
鼻鈕
長 15.3mm
寬 15.3mm
高 14.2mm
緣閒堂

075
隗起 - 臣舍 - 相思 - 交仁（信）
秦
穿帶
長 15.8mm
寬 12.1mm
高 5.8mm
緣閒堂

076
張亦

秦
覆斗鈕
玉
長 18.6mm
寬 18.4mm
高 16.9mm
雙泉山館

077
張朕
秦
圓環鼻鈕
外長 40.9mm
外寬 41.3mm
外高 5.3mm
內長 13.0mm
內寬 13.1mm
四靈印室

078
邯鄲眛
秦
鼻鈕
長 13.5mm
寬 13.3mm
高 11.1mm
緣閒堂

079
上官魁
秦
鼻鈕
長 14.5mm
寬 14.5mm
高 12.5mm
珍秦齋

080
相里狐邪
秦
鼻鈕
長 19.5mm
寬 10.5mm
高 15.0mm
珍秦齋

081
臣畢 - 千秋
秦
穿帶
長 16.7mm
寬 13.3mm
高 6.5mm
雙泉山館

082
蒼
秦
熊鈕
長 16.6mm
寬 16.9mm
高 27.0mm
四靈印室

083
爨得
秦末漢初
臺鈕
長 17.5mm
寬 16.9mm
高 11.7mm
緣開堂

084

王訢

秦末漢初

龜鈕

銀

長 14.2mm

寬 11.9mm

高 12.3mm

四靈印室

085
訢
秦末漢初
龜鈕
銀
長 14.7mm
寬 12.1mm
高 11.2mm
四靈印室

086
傅陽加
秦末漢初
覆斗鈕
玉
長 22.2mm
寬 22.3mm
高 15.0mm
四癭印室

087
丙秀記印
漢
熊鈕
長 15.2mm
寬 15.5mm
高 15.8mm
四靈印室

088
成衡私印
漢
辟邪鈕
銀鎏金
長 15.0mm
寬 15.5mm
高 18.0mm
鐵齋

089
程全利 [ 肖形 ]- 日利
漢
柄鈕
長 29.4mm
寬 12.0mm
高 29.0mm
頂長 5.0mm
頂寬 10.5mm
寶印籢

私
印
·
漢

090
定國 [ 肖形 ] ＞ [ 子印佚失 ]
漢
龜鈕
長 19.0mm
寬 19.0mm
高 15.0mm
珍秦齋

田宏私印
漢
龜鈕
長 15.0mm
寬 14.5mm
高 17.3mm
緣閒堂

092
王武强印 - 王武
漢
龜趺碑鈕
長 14.3mm
寬 14.3mm
高 19.0mm
頂長 5.3mm
頂寬 6.6mm
四靈印室

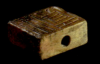

093
魏遇 - 買之
漢
穿帶
骨
長 13.6mm
寬 15.0mm
高 6.4mm
緣開堂

094
向緤

漢

覆斗鈕

玉

長 20.7mm

寬 20.7mm

高 13.7mm

雙泉山館

095
姚醜夫
漢
龜鈕
銀錯金
長 17.0mm
寬 16.5mm
高 11.0mm
鐵齋

096
淳于定國
漢
辟邪鈕
銀
長 11.6mm
寬 11.9mm
高 16.4mm
緣閒堂

097
西門賜 [ 肖形 ]
漢
龜鈕
長 24.8mm
寬 23.9mm
高 19.3mm
四靈印室

098
樂平單祭酒會延壽印
漢
瓦鈕
長 19.7mm
寬 20.2mm
高 17.7mm
雙泉山館

099
益壽延年唯此信印
漢
瓦鈕
長 18.1mm
寬 17.8mm
高 16.5mm
雙泉山館

100
陳博士印宜身至前
柏（迫）事毋閒顯
君自發封完印信
漢
龜鈕　銀
長 17.0mm
寬 17.0mm
高 11.5mm
鐵齋

101
忠信
楚
覆斗鈕
綠松石
長 12.0mm
寬 12.0mm
高 9.0mm
鐵齋

102
私印 - 日 - 敬 - 毋 - 治（怠）
秦
瓦鈕
長 13.9mm
寬 13.1mm
高 16.3mm
雙泉山館

103

千秋萬歲

秦

鼻鈕

長 23.5mm

寬 23.5mm

高 15.5mm

四靈印室

104

千秋萬歳長樂未央
漢
柄鈕
長 31.5mm
寬 15.4mm
高 33.0mm
雙泉山館

成語印・漢

105
日利
漢
龜鈕
長 10.7mm
寬 10.7mm
高 10.3mm
緣閒堂

106
巨方
漢
環鈕
長 12.8mm
寬 9.5mm
高 110.4mm
圈徑 102.1mm
近一堂

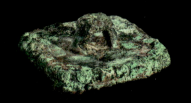

109
居室栗園
秦
長 27.8mm
寛 27.4mm
厚 10.9mm

光明室

封泥·秦

231

110
御府金府
秦
長 23.7mm
寬 26.6mm
厚 17.1mm

光明室

111
孔鳥左般
秦
長 34.7mm
寬 32.6mm
厚 9.0mm
光明室

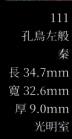

112
博望橘監
秦
長 32.9mm
寬 28.7mm
厚 8.1mm
光明室

封泥·秦

237

113
篆東宮印
秦
長 30.5mm
寬 32.3mm
厚 8.7mm
光明室

114
榆房宮印
秦
長 26.6mm
寬 25.9mm
厚 7.3mm
光明室

115
柳園之印
秦
長 27.7mm
寬 25.1mm
厚 10.4mm
光明室

116
南鄭丞印
秦
長 27.9mm
寬 32.9mm
厚 10.7mm
光明室

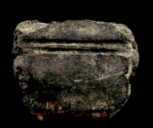

118
尚書丞印
西漢
長 25.6mm
寬 31.6mm
厚 8.5mm
初堂

119
居室丞印
西漢
長 28.6mm
寬 30.2mm
厚 10.0mm
初堂

120
右北都尉
西漢
長 23.1mm
寬 33.3mm
厚 13.7mm
初堂

封泥・西漢

255

121
漁陽都尉
西漢
長 28.0mm
寬 42.0mm
厚 16.6mm
初堂

封泥・西漢

256

125
臣廣宗
新莽
長 23.5mm
寬 38.5mm
厚 10.7mm
初堂

127
臣毋害
新莽
長 36.9mm
寬 38.6mm
厚 16.7mm
初堂

封泥·新莽

268

128
妾驕次
新莽
長 28.8mm
寬 29.8mm
厚 11.4mm
初堂

封泥·新莽

272

129
王孫塦（陳）棱立（涖）事歲
左里敀京釜
齊
整長 93.2mm
整寬 118.3mm
文殘長 39.7mm
文寬 29.7mm
步黟堂

130
……賣右敀均京釜
齊
整長 146.2mm
整寬 96.3mm
文長 48.4mm
文寬 28.5mm
步埜堂

131
夻（大）坿（市）褁月
齊
整長 90.4mm
整寬 47.0mm
文長 24.1mm
文寬 23.8mm
步野堂

132

陳（陳）戡
齊

整長 71.0mm
整寬 50.0mm
文殘長 34.4mm
文寬 14mm
步野堂

133
黍□䣐戎里王吉
齊
整長 127.2mm
整寬 66.0mm
文長 23.3mm
文寬 19.6mm
步野堂

134
鄒鄲頤里□賣
齊
整長 62.3mm
整寬 150.7mm
文長 19.0mm
文寬 19.0mm
步野堂

楚匋闠闁（闗）里宔
齊
整長 128.0mm
整寬 94.5mm
文長 32.3mm
文寬 23.6mm
它廬

136
酷里怒
齊
整長 94.0mm
整寬 54.4mm
文長 33.3mm
文寬 31.0mm
步黟堂

137
辛里畢豆
齊
整長 102.7mm
整寬 47.0mm
文長 26.7mm
文寬 19.3mm
步野堂

沂□坼（市）斗臾（斛）笈（鈢）

三晋

整長 120.0mm

整寬 137.8mm

文長 65.2mm

文寬 15.2mm

步黟堂

140
十盒中石丌異…… 圸（市）
三晉
整長 109.4mm
整寬 130.2mm
文殘長 77.8mm
文寬 13.4mm
文長 8.4mm
文寬 5.9mm
步野堂

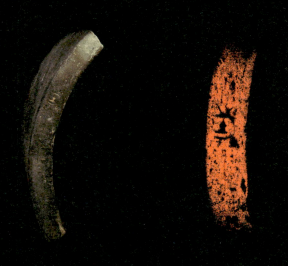

141
成咎（皋）右司工
三晉
整長 93.7mm
整寬 113.2mm
文長 22.2mm
文寬 19.3mm
犁然堂

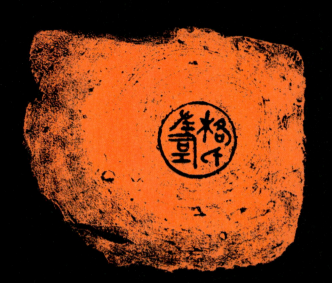

142
格氏左司工
三晉
整長 74.0mm
整寬 83.9mm
文長 21.2mm
文寬 21.2mm
惜石齋

143

滎陽嗇(倉)器

三晋

整長 102.8mm

整寬 40.9mm

文長 20.6mm

文寬 17.1mm

惜石齋

陶

文

三晋

299

44

叔䢴（琴）司工

晋

通長 44.6mm

通寬 59.5mm

印長 16.8mm

印寬 20.5mm

自然堂

145
辛司工
三晋
整長 92.9mm
整寬 100.0mm
文長 16.3mm
文寬 15.8mm
犁然堂

146
鄭（制）　猶（猛）
三晉
整長 105.0mm
整寬 35.7mm
文長 20.9mm
文寬 18.3mm
文長 11.3mm
文寬 11.8mm
惜石齋

147

十一年旨（以）𨟻（來）　色

三晋

整長 56.0mm

整寬 41.5mm

文長 16.1mm

文寬 14.5mm

文長 14.5mm

文寬 11.3mm

犁然堂

陶文·三晋

148
郘（蔡）面（廩）舊
三晋
整長 50.9mm
整寬 42.0mm
文長 20.4mm
文殘寬 18.1mm
惜石齋

150
悠
三晋
整長 61.3mm
整寬 50.4mm
文長 19.7mm
文寬 12.4mm
犁然堂

151
咸亭園里更器
秦
整長 240.0mm
整寬 149.5mm
文長 30.0mm
文寬 17.9mm
惜石齋

153
宜子孫飲百口
漢
整長 109.3mm
整寬 510.0mm
文長 66.0mm
文寬 72.0mm
厄廬

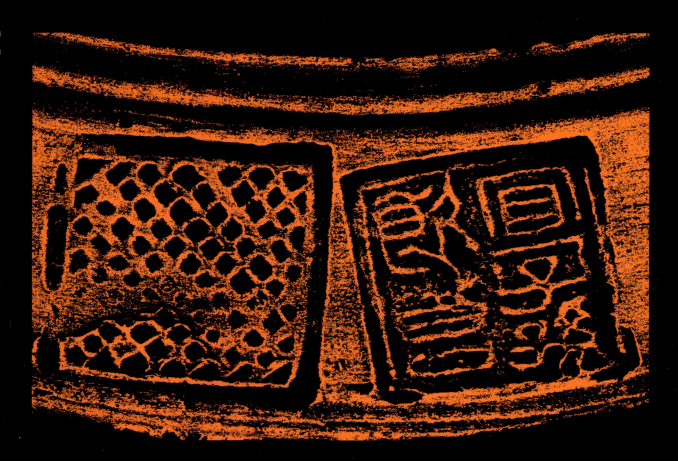

**圖書在版編目（CIP）數據**

方寸萬象：新見中國古代璽印封泥陶文集粹：精華
版／劉釗，許雄志主編；石繼承協編. -- 上海：上海
書畫出版社，2025.3.

-- ISBN 978-7-5479-3553-8

Ⅰ.K877.6-53

中國國家版本館CIP數據核字第20253PF618號

# 方寸萬象：新見中國古代璽印封泥陶文集粹（精華版）

劉　釗　許雄志　主編　石繼承　協編

選題策劃　朱艷萍
責任編輯　張　姣　郭昳歆
編　　輯　楊少鋒　魏書寬
審　　讀　雍　琦
封面設計　劉　蕾
攝　　影　王夏加
技術編輯　包賽明

出版發行　上海世紀出版集團
　　　　　上海書畫出版社
地　　址　上海市閔行區號景路159弄A座4樓
郵政編碼　201101
網　　址　www.shshuhua.com
E－mail　shuhua@shshuhua.com
製　　版　杭州立飛圖文製作有限公司
印　　刷　浙江海虹彩色印務有限公司
經　　銷　各地新華書店
開　　本　710×1000　1/8
印　　張　39.5
版　　次　2025年3月第1版　2025年3月第1次印刷

書　　號　ISBN 978-7-5479-3553-8
定　　價　388.00圓
若有印刷、裝訂質量問題，請與承印廠聯繫